Martin Anders
p a r a b o l lyrik konzeptionell

p a r a b o l

lyrik konzeptionell

Martin Anders

Bibliografische Information der Deutschen
Nationalbibliothek:
Die Deutsche Nationalbibliothek verzeichnet diese
Publikation in der Deutschen Nationalbibliothek,
detaillierte bibliografische Daten sind im Internet über
http://dnb.de abrufbar.

© Martin Anders / sensofactur
Gestaltung: Corinna Anders
Herstellung und Verlag:
BoD – Books on Demand

ISBN: 9783741294228

Lyrik schenkt die Intimität der Zeichnung. Sie lebt vom Substantiv. Wortfolgen und Rhythmen sind sich selbst genug. Sie ist Ablass auf die Existenz, Sentenz des Lebens. Gedichte vagabundieren in Methaphern
und Metaphysik. Sie eifern um Näherung und Verdichtung, um Eros und Allegorie.
Lyrik konjugiert die Wahrheit. Sie spielt zwischen Nähe und Distanz, Spannung und Schwebe.

Spiel

BleichWolken

GähnHimmel

SchwankReihen

FarbSchmelze

ScharfSchatten

karstendes Land

lachende Gegend

geronnene Zeit.

Stase

WortGestalten

glasklar

atonal

spalt und klatt

Fermate.

Code

FreiFahrt

der Farben

Tangenten

Schatullen

das absurde Loch

WortStau

Asche und Wind.

Auffahrt

WildWuchs

GrünSog

SanftSiegel

KahlRausch

TunnelGlut

gefranzter Mond.

Engramm

RauschWürze

Morgenkühle

NebelWiesen

StrohFeuer

ScheinLicht

Kontur.

Korb

SatzWechsel

ZeitKlang

GrundLast

der Farben

Häutung des Alls

PlanctonPalaver.

Fund

BruchRaster

DichteNebel

AbwegStarre

Fahndung

im Nichts.

Gunst

Raschelfeucht

Taufrisch

entleibt

vernascht im Chaos

der Farben.

Zenit

SonnenBleiche

UrstromSenke

GrünKlang

BuntFee

Calendula.

Agio

StummBlüte

GrünHaar

KahlHimmel

StillLicht

Plasma

im Raum.

Retusche

BlumenStraussWunder

SchmerzTausendschön

Haut aussen

in uns leis

scheinverblüht

List und Rausch.

Bann

FreiFall

Patina

überall Zufall

Spuren den

Elementen entgegen

Aufruhr

der Nackten.

Timbre

NektarGeflecht

CypernBlume

HalbKugel

FormWechsel

ApfelRund

Techtelmechtel

Unterschlupf.

Bund

Terrible Körper

SanftSiegel

allfarben

nacktbloß

KreisInnen

dem Plexus

der Freuden.

Kurs

WeitRaum

HohlSpiegel

Grundton

FetzenBall

das Trugbild

vom Laufrad

Allwurzel

Schoss.

Flut

StromBett

Krumen

GlutWind

ErdeWärmen

HimmelBleichen.

Tiefe

Vernunft und Verstand

Kraft und Gestalt

kein andere Vielfalt

Luft selber Geist

Abgrund zu Ungrund.

Waage

FarbZirkel

TunnelGrotten

BlütenKlang

PendelSchwingen

SchweigeKühle

Vakuum.

Sog

HauchHaut

DuftSud

AtemHauch

sielen Leiber

greifen Kraken

flüstern umfassen

gebrannt

und vernascht.

Torso

Über mir
LenzHaare
DüfteReigen
HüllenTrank
die Entgleisung
des Urknalls.

Bogen

ApfelBlüten

TrichterWinde

ZedernZweige

ReisigHütte

BogenSpanne

NachBild

GeilGras

Sud.

Wechsel

FlugLand

FabelLicht

WegInnen

Mäander

Krumen

Land weit

Brache.

Feld

WildWuchs

GrünSog

GleitWind

Sanftsiegel

FlachLand

in kühner Fahrt.

Wende

Ödnis

drängt

Wolken

Plankton

Reliquien

kichern

verpackt

in Bäumen.

Pose

AbbildLeere

NacktKühle

GitterBrache

WechselFratzen

Niemand Niemandem

grinsendes Jahr.

Tausch

Land in Sicht

Krypten

Rinnsale

ZaunKönig

und Eremit.

Kokon

WunderDünen

sanftBeben

BalzGier

keiner entkommt.

Teil

UnTeil

Vieleck

ReichWeite

WortHohl

KleidInnen

Wurzel zart.

Knospe

KreisRund

Saftung

Klimax vor Augen

SpurLust

gärendes Blut.

Trieb

StarkSchwäche

Wirrsale

LebensFluss

SinnFülle

WurzelLeib.

Woge

ZartRuch

EchoFülle

WogenEile

untertage

überzwerg

Reigen

Labyrinth.

Pfand

MildWind

ÜberLicht

FarbWechsel

PrimelBunt

IrisGrün

KrokusBlau

VogelBrut.

Riss

SammetSpiele

WunderStrauss

HoffnungsTag

LeisRausch

Überall Licht

WolkenEpilog.

Hall

Reigen

Schwingen

Schmetterlinge

in der Luft

Plasma

Vakuolen

atmet Leben

Atem.

Spross

WurzelSamen

AllKraut

ÜberKlee

OrakelFugen

in Farben

des Aufruhr.

Stau

KulissenFassaden

treiben Leiber

im fremden Gewässer

sich verlieren

ein jedes Mal

für immer.

Quell

Uferlos

Bodenlos

Grenzenlos

TalWasser

Todlos

InnenHalt.

Kitt

BleichWolke

RauschHüllen

GähnHimmel

Askese

Schweigen.

Sog

TraumTausch

HeilWogen

TalStille

FarbGesang

die Auferstehung

des Lichts.

Teil

AllViele

Namenlos

ZeitLos

AllEins

leichthin

NichtSein.

Loh

Licht und Leib

Wasser und Öle

Kraft farben

Tugend

wonnesam

Freudenspiel

Zeit und Tag.

Rad

Wurzel der Dinge

kein Licht ohne Feuer

Eines will in sich

das Andere aus sich

Ziehen und Fliehen

Triangel und Rad.

Trieb

StarkSchwäche

Wirrsale

LebenFluss

SinnFülle

WurzelLeib.

Gatter

PfadSäumen

KornBlumen

Hollunder

Salbei und Phlox

DuftBlasen

TraumSpiele

Welt paradox.

Schlinge

Farben spiegeln

Lügen messen

ZeitSchnitt

Eins und Eins

Unendlich Nichts.

Abend

TarnKappen

BruchRaster

TunnelFlut

BildLeere

WortSchere

das Nachtprogramm.

Reflux

SchaltRaum

SensoMeter

PanikOvation

KalottenPercussion

anthropomorph.

Rang

Zwischen Polen

gleich Hainen

SchlundEnge

ScharfSchatten

SchwankReihen

WildWuchs

karstendes Land

die andere Geste.

Fall

RaumLeer

ZeitFall

NullSummen

Unzeit

für Farben

Fahndung

im Nichts.

Fransen

Stimmen atmen

Leben finden

Farben zündeln

Welten teilen

Tündelei

Lust ohne Raum

Anker und Flut

FlachLand

auf grosser Fahrt.

Ablage

EinSilbe

WortSein

HalbSatz

Schnitt

Lamento

Sprache.

Band

HüllLicht

FormWerden

Allheit

Sinnwirklich

fremdnah.

Matrix

Begierde der Sanftmut

Liebe und Geist

Sänfte der Gier

Geruch und Opfer

wonnesam

Freudenspiel

Lilienzeit

zu einer Rosen.

Urstand

Gläsernes Meer

Offenbarung

der Farben

Begierde

macht Wesen

Rad der Essenz

Gleiches mit Gleichem

Alles mit Allem.

Sieb

Allsamtene Schönheit

Hochamt der Milde

Umkehr des Pfeils

Stachel im Nichts

Triage der Gier

winselt Haut

befingert

enteignet

Brache.

Häutung

Gras

frakturierte Ebenen

Feldsaftung

Magie

Klimax und Spiel

Farbgleich im Sud.

Aussatz

Karbunkel sein

Wundengeschwader

Amphore der List

Pfahl im Fleisch

PyrrhusTaube

TraumGeröll.

Klang

KungelGefühle

MildFeuchte

KlangWolken

SaitenGedärm

Almosen und Glück

VibratoSchweigen

balzende Leiber

lachende Wiesen.